AF259481

UNE

EXCURSION EN ANJOU

SERRANT, CHALONNES

ROCHEFORT, BÉHUARD & SAVENNIÈRES

LECTURE FAITE

à la Société nationale d'Agriculture, Sciences et Arts d'Angers

PAR

M. LE CHANOINE CH. URSEAU

Secrétaire général de la Société

Correspondant du Ministère de l'Instruction publique et des Beaux-Arts

ANGERS

GERMAIN & G. GRASSIN, IMPRIMEURS-ÉDITEURS

91, rue du Cornet et rue Saint-Laud

—

1907

UNE
EXCURSION EN ANJOU

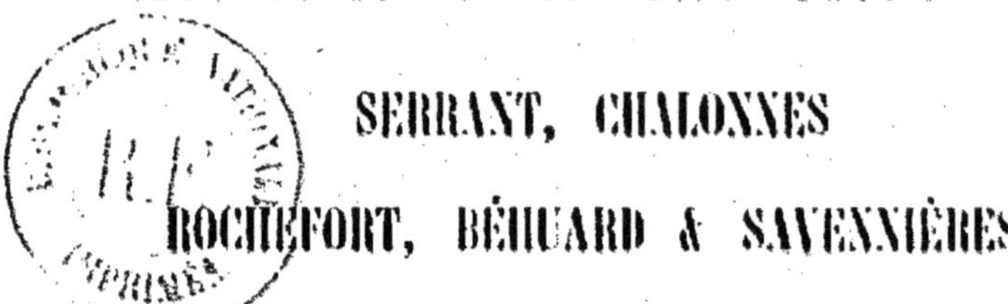

SERRANT, CHALONNES
ROCHEFORT, BÉHUARD & SAVENNIÈRES

LECTURE FAITE

à la Société nationale d'Agriculture, Sciences et Arts d'Angers

PAR

M. LE CHANOINE CH. URSEAU

Secrétaire général de la Société
Correspondant du Ministère de l'Instruction publique et des Beaux-Arts

ANGERS

GERMAIN & G. GRASSIN, IMPRIMEURS-ÉDITEURS
40, rue du Cornet et rue Saint-Laud

1907

UNE EXCURSION EN ANJOU

Serrant, Chalonnes
Rochefort, Béhuard et Savennières

MESSIEURS,

Dans l'une de nos dernières séances, notre Compagnie, vous le savez, avait décidé d'organiser, de concert avec la Société Archéologique de Nantes, une excursion en Anjou, qui devait comprendre la visite de Serrant, Chalonnes-sur-Loire, Rochefort, Béhuard et Savennières. Cette excursion a eu lieu le lundi 13 mai. On m'a dit que mes fonctions de secrétaire général de la Société m'obligeaient à vous en faire le récit. J'ai eu la simplicité de croire que c'était vrai. J'ai laissé dormir pendant quelques jours les épreuves du *Cartulaire de la Cathédrale*. Je me suis mis à l'œuvre et voici ce que j'étais chargé de vous raconter.

Le 13 mai, vers 8 h. 1/2 du matin, ceux de nos collègues que la perspective d'une mauvaise journée n'avait pas découragés, se rendaient à la gare, sous une pluie battante, qui tombait sans relâche depuis la veille. Notre sympathique président, M. le sénateur Bodinier, fidèle au rendez-vous, les accueillait avec le bon sourire que vous connaissez et cette formule, qui traduisait exactement notre tristesse commune : « Ah ! mon cher ami, est-ce navrant un temps pareil ! » Je me demande si les pèlerins de Lourdes, installés pour trois ou quatre heures encore sur les banquettes de la salle du départ et qui, pour tromper l'ennui, avaient déjà ouvert leur panier et attaquaient vaillamment les provisions du voyage, ont entendu les propos que nous échangions, mais ce qui est certain c'est que leur sort semblait plus enviable que le nôtre ; ils étaient à l'abri et, en attendant le train spécial qui devait les transporter au pays du gai soleil et des rêves célestes, ils pouvaient espérer voir le beau temps revenir.

Pour nous, le sort en était jeté, il fallut partir, avec la crainte, malheureusement trop fondée, de retrouver, en arrivant à La Possonnière, la pluie drue, froide et maussade, que nous laissions à Angers. En réalité, c'est beaucoup plus tôt que nous l'avons retrouvée, puisqu'elle filtrait à travers les planches mal jointes de la toiture de notre wagon. Le voyage n'en fut pas pour cela moins gai, ni la conversation moins animée. Le trajet d'ailleurs est très court. A 9 h. 1/2, nous étions en gare de La Possonnière, où, vingt minutes plus tard, nous avions le plaisir de recevoir nos savants visiteurs.

C'étaient : MM. le baron Christian de Wismes, président de la Société Archéologique de Nantes, Dortel, président de la Société Académique et vice-président de la Société Archéologique, commandant d'Arboneau, de Brévedent du Plessis, Dominique Caillé, Cazautet, chanoine Durville, Furret, Gourdon, Houdet, commandant Lagrée, de Lastours, Renard, capitaine Ringeval, vicomte de Sécillon, D. Soullard, Trémant, Antoine Vincent, Félix Vincent, baron Gaëtan de Wismes, membres de la Société Archéologique ; Baranger, Poirier, membres de la Société Académique, et un invité, M. André du Manoir.

M. Bodinier, président de notre Société, présente à nos collègues de la Loire-Inférieure les Angevins qui l'accompagnent : MM. de Farcy, vice-président de la Société d'Agriculture, Sciences et Arts; Meauzé, trésorier; Planchenault, bibliothécaire; chanoine Thibault, vicaire général, secrétaire général de l'Evêché; Planté, membre de la Commission Historique et Archéologique de la Mayenne; Hervé-Bazin, abbé Rondeau, chanoine Urseau, de la Société d'Agriculture, Sciences et Arts (1).

L'inclémence du ciel ne permet guère de prolonger les souhaits de bienvenue. Deux vastes omnibus, venus d'Angers le matin même, nous attendent à la porte de la gare. Nous nous y installons tant bien que mal : l'état-major et les vétérans des deux Sociétés à l'intérieur; les autres, moins fragiles ou moins raisonnables, sur l'impériale, où la perfide caresse des branchages de la route, saturés d'eau jusqu'à craquer sous le poids, ne réussit ni à paralyser les langues ni à noyer la bonne humeur.

Avant d'arriver à Saint-Georges-sur-Loire, on fait une première station au château de la Grange, où nous attend notre aimable collègue, M. Gilles-Deperrière, président de la Société des Amis des Arts d'Angers, viticulteur expérimenté et toujours heureux. On visite un cellier modèle. On goûte au vin de l'année. On déguste un Anjou mousseux, dont les qualités ne pouvaient manquer, à pareil jour, d'être particulièrement appréciées. Il faut bien prouver à nos visiteurs que l'ancienne Académie d'Angers, aujourd'hui Société nationale d'Agriculture, Sciences et Arts, ne se confine pas seulement dans l'étude de l'archéologie et de l'histoire, mais que, fidèle à son programme, elle sait encourager l'agriculture et applaudir aux derniers perfectionnements de la viticulture.

(1) M. Joseph Joubert, membre titulaire de la Société d'Agriculture, Sciences et Arts d'Angers et membre correspondant de la Société Archéologique de Nantes, obligé de se rendre à Béziers pour le mariage d'un membre de sa famille, avait exprimé le regret de ne pouvoir assister à l'excursion.

Cependant la pluie continue. Elle tombe, pendant que, groupés autour d'une table bien servie, nous faisons honneur à l'excellente cuisine de l'hôtel de *la Tête Noire*, à Saint-Georges. Elle tombe, pendant que, pataugeant dans la boue, le long des allées muettes du parc de Serrant, où l'on n'entend que le bruit des gouttes d'eau qui ruissellent de branches en branches, nous nous hâtons, le dos courbé, la tête basse, vers la princière demeure, où nous avons l'espoir de trouver des merveilles artistiques et surtout un abri.

Le château de Serrant a été somptueusement restauré par le possesseur actuel, M. le duc de la Trémoïlle, membre de l'Académie des Inscriptions et Belles-Lettres (1). Passons le pont-levis. Entrons dans la cour d'honneur. Admirons cette façade, élégante et sobre à la fois, où l'ionique, le corinthien et le composite superposés s'unissent sans violence pour former une décoration harmonieuse. Franchissons le seuil de la chapelle qui termine, à droite, une des ailes du château et arrêtons-nous un instant devant le mausolée de Nicolas de Bautru, marquis de Vaubrun, lieutenant-général des armées du roi, blessé à mort, en 1675, au combat d'Altenheim. Le héros, à demi couché, s'appuie sur un trophée d'armes. Il tient encore dans sa main le bâton de commandement. Il va rendre le dernier soupir et la victoire descend du ciel pour le couronner. Ce superbe monument est l'œuvre de Coysevox. « Il vaut, dit Pocquet de Livonnière, qu'on s'écarte de dix lieues pour venir le voir. »

Après avoir donné au tombeau de Vaubrun toute l'attention dont il est digne, Nantais et Angevins visitent avec un intérêt évident les pièces principales de l'habi-

(1) M. le duc de la Trémoïlle, qu'une indisposition obligeait à garder la chambre, n'a pu, à son vif regret, recevoir lui-même les visiteurs.

tation seigneuriale. Mais bientôt le bourdonnement insupportable de la mouche du coche se fait entendre : « Il est l'heure, Messieurs ; nous allons partir ! ».

Nous partons. La pluie tombe moins fort. Le ciel semble vouloir se faire moins inclément. Peu à peu l'horizon s'éclaircit et l'on aperçoit la petite ville de Chalonnes, blanche, paisible et souriante, qui dresse les derniers débris de son château et les clochers aigus de ses deux églises, sur le bord de la Loire, au milieu d'un cercle de collines vertes. Ville et paysage nous font songer aux tableaux que peignaient avec amour les enlumineurs de nos vieux manuscrits.

A Chalonnes, nous faisons une courte halte, à la porte de l'église Saint-Maurille. L'édifice, dénaturé par des restaurations maladroites, n'offre d'intéressant qu'une gracieuse chapelle à chevet droit, recouverte d'une voûte plantagenet de la fin du douzième siècle. Ce petit sanctuaire a été traité avec un soin exquis. Au fond, entre deux fenêtres cintrées, la Vierge, assise, tient sur son giron son Fils bénissant et de ses pieds écrase la tête grimaçante du démon. Un ange descend du ciel et lui pose une couronne sur la tête.

Le dais qui surmonte la statue est historié de la scène de la crucifixion. Le Christ, attaché à la croix par quatre clous, vêtu aux reins d'un jupon, a la tête ensanglantée par la couronne d'épines. Marie, sa mère, et l'apôtre saint Jean l'entourent et assistent à son agonie.

A la voûte, cinq clefs historiées sont disposées dans cet ordre : saint Matthieu, saint Luc, le Christ, saint Marc, saint Jean. Le Christ bénit le globe du monde qu'il tient à la main. Debout, saint Matthieu et saint Luc se regardent et lisent dans le même livre. Assis, au contraire, saint Marc et saint Jean se tournent le dos et écrivent. Chacun des évangélistes est reconnaissable à l'attribut qui l'accompagne.

Deux bas-reliefs, de petite dimension, forment claveau au sommet de l'arc doubleau qui ferme la chapelle. Dans l'un, une martyre, sainte Valérie, sans doute, à genoux, assistée d'un ange, est décapitée par un soldat, qui la saisit aux cheveux et tient en main le glaive du supplice. Dans l'autre, l'ange suit la martyre et la soutient, car elle s'est relevée, portant à deux mains sa tête, que le bourreau a tranchée et qu'elle va offrir à l'autel sur lequel célèbre un évêque, évidemment saint Martial, évêque de Limoges, qui avait converti la jeune vierge.

Voilà, avec bien peu d'éléments, tout un poème chanté par la pierre à la louange de Jésus, de Marie et des saints. Voilà comment, au moyen âge, le peuple, qui ne savait pas lire dans les rares livres d'heures, trouvait dans nos églises matière aux plus salutaires réflexions.

La route qui nous conduit de Chalonnés à Rochefort est incontestablement l'une des plus pittoresques de l'Anjou. Le paysage que l'on découvre successivement des hauteurs de Sainte-Barbe, d'Ardenay et de la Haie-Longue est admirable et pour le peindre il est un mot qui, mieux que tous les autres, répond à la réalité. C'est le mot que l'on trouve si souvent sur les lèvres de nos anciens chroniqueurs, de nos prosateurs et de nos poètes, le mot que Jeanne d'Arc aimait tant à prononcer : la douce France. N'est-ce pas là, en effet, la douce France, avec ces horizons mollement ondulés, avec cette vaste ceinture de collines, où rien de heurté n'arrête et ne choque le regard, avec ce fleuve aux îles verdoyantes, dont les eaux glissent plutôt qu'elles ne roulent sur un lit sablonneux et qui, à certains jours, donnera l'impression mélancolique d'une grève abandonnée par la mer ?

Pour jouir du panorama dans toute sa beauté calme et majestueuse, il faut gravir, comme nous l'avons fait, le roc abrupt et sauvage, où s'élevait jadis, dans un îlot de la Loire, aux portes mêmes de Rochefort, l'antique château de Dieusie. Du puissant donjon, qui commanda longtemps le passage du fleuve, il ne reste plus aujourd'hui que des débris informes ; mais quel site de repos, de fraîcheur et de silence ! D'un côté, le rocher, droit comme un mur, au pied duquel coule un des bras de la Loire ; de l'autre, tout un flot de lilas, de chèvrefeuilles et d'églantiers, qui ruisselle sur les décombres, jusqu'au bord de la rivière ; à deux pas, dans la vallée, pareil à un peulvan, un pan du vieux château des Saint-Offange ; un peu plus loin, par-dessus la saulaie, la petite église de Béhuard, dans la plus charmante des îles ; puis, sur l'autre rive, les coteaux couverts de vignobles qui, doucement, comme la Loire, semblent descendre eux-mêmes vers l'Océan.

Après avoir goûté, un instant, la séduction de ce paysage harmonieux et remercié l'aimable châtelain qui nous a permis si gracieusement d'en jouir, nous continuons notre course et, à 5 heures, nous arrivons à Béhuard, dont la petite église peut être appelée justement la perle de l'Anjou.

Coquettement assise sur un rocher schisteux, qui domine de sa masse noirâtre les sables environnants, la charmante église de Béhuard mérite, à tous égards, l'attention des archéologues et des artistes. Depuis le commencement du onzième siècle au moins, elle est dédiée à Notre-Dame. Son nom lui vient d'un chevalier breton, appelé Buhard, qui, à titre de fief, aurait reçu de Geoffroi-Martel, comte d'Anjou, deux îlots de la Loire, dont la réunion forma plus tard l'île actuelle.

Louis XI professait pour la Notre-Dame de Béhuard un culte aussi intéressé que démonstratif. Il voulut plusieurs fois la visiter en dévot pèlerin : il lui savait gré d'avoir échappé, un jour, aux flots de la Charente et surtout il comptait sur elle pour s'emparer plus sûrement du duché d'Anjou. Si la mort n'avait pas arrêté ses projets, il aurait transformé l'antique sanctuaire en chapelle royale et fondé un chapitre de chanoines pour y assurer le service : il n'eut que le temps d'élever la gracieuse église qu'on admire encore aujourd'hui.

L'église de Béhuard se compose d'une nef, large de 3m50 sur 7 mètres de long, à laquelle est accolée, en retour d'équerre, une chapelle latérale presque aussi importante que le vaisseau principal. Le chœur, avec de jolies stalles du xvᵉ siècle, a été établi au-dessus de l'entrée. Il est supporté par une voûte en bois, semblable à celles qui recouvrent la nef et la chapelle.

Malgré quelques tentatives de restauration, Béhuard n'a presque rien perdu de son charme originel. On y retrouve jusqu'au mobilier religieux, dont les contemporains de Louis XI, sinon le roi lui-même, avaient voulu l'enrichir. Une jolie croix de procession, un calice d'argent doré, avec sa patène ornée d'une main bénissante, un bénitier portatif accusent par leur style la seconde moitié du xvᵉ siècle : on les regarde comme des présents royaux, de même qu'une statuette de la Vierge, en argent repoussé.

Deux larges fenêtres éclairent la nef et la chapelle. La fenêtre de la nef conserve encore quelques fragments de vitraux du xvᵉ siècle, mais trop peu considérables pour mériter une étude particulière. Celle de la chapelle, bien que restaurée sans aucun goût, a gardé un certain nombre de panneaux du plus haut intérêt.

Les compartiments de cette large baie sont séparés par deux élégantes colonnes à chapiteaux, qui se ramifient pour former au tympan trois vigoureuses fleurs de lis, où le peintre verrier a dessiné, sortant d'une même tige, trois branches de lis naturel, garnies de feuilles et terminées par une fleur épanouie : c'est à la fois très simple et très harmonieux.

Dans la partie supérieure de la verrière, au-dessous de

dais gothiques qui remplissent les arcatures des meneaux, figurent le Christ en croix, la sainte Vierge et saint Jean. La Vierge est moderne. Le Christ, dont la physionomie respire une grande douceur, est ancien, bien que la moitié du panneau ait été restaurée. Il en est de même du saint Jean qui, debout sur un rocher, fixe ses regards avec tristesse et étend ses bras vers le divin Maître.

Un peu plus bas, de chaque côté d'un ange qui soutient une sorte de voile diapré, deux personnages sont agenouillés dans l'attitude de la prière. Si cette partie du vitrail était restée intacte, nous aurions là deux portraits d'un prix incomparable, celui de Louis XI et celui de Charles VIII. Malheureusement le Charles VIII est l'œuvre d'un restaurateur peu habile, qui n'a pas hésité à placer un blason moderne sous l'image du roi. Louis XI a moins souffert ; sa tête seule a été refaite.

Dans la partie inférieure de la fenêtre, deux panneaux, que le temps et les hommes n'ont pas encore détériorés, peuvent donner une idée de la perfection avec laquelle l'artiste avait exécuté son travail. On voit, à droite, au-dessous de Charles VIII, un moine agenouillé sur les dalles nues de son église. La coule noire des bénédictins, qui l'enveloppe tout entier, ne laisse à découvert que sa tête nue et rasée et ses mains jointes. A gauche, un chanoine, revêtu d'un large surplis, avec l'aumusse sur le bras, appuie ses genoux et ses mains sur un prie-Dieu, recouvert d'une fourrure. Cette figure énergique, qui se profile, comme celle du moine, sur un fond orné de fleurs, reproduirait-elle les traits de Guillaume Fournier, chanoine pénitencier de Saint-Maurice d'Angers et curé de Denée? C'est fort probable. Ainsi le curé de Denée, qui exerçait la juridiction spirituelle sur la chapelle de Béhuard et qui fut nommé doyen du chapitre que Louis XI voulait y établir, aurait fait pendant à l'un de ces religieux de l'abbaye Saint-Nicolas, qui, en 1481, avaient abandonné au roi la propriété de l'ile. En tout cas, ces portraits sont admirables de simplicité, de naturel et de vérité.

L'église de Béhuard possède une très belle chape, que M. de Farcy, dont le nom fait autorité en matière de broderies, a bien voulu présenter aux visiteurs et sur laquelle il m'a remis une note que je transcris textuellement.

« On est tout étonné de pouvoir admirer dans la charmante, mais très modeste église de Béhuard, une chape aussi remarquable. Le magnifique brocard du manteau, tissé d'or et de velours rouge, rappelle ceux que les primitifs du milieu du XVᵉ siècle prodiguaient dans leurs tableaux et dont ils savaient rendre le chatoiement avec une véritable maestria. Quant aux orfrois et au chaperon, ils sont d'un demi-siècle au moins plus récents. L'artiste y a peint à l'aiguille diverses scènes de la vie de saint Jean-Baptiste, en réservant la Décollation pour le chaperon. Ces « histoires » sont passablement dessinées et dénotent une certaine habileté de la part du praticien, qui ne serait autre que le brodeur en titre de l'abbaye du Ronceray d'Angers. Bien que l'œuvre ne soit pas signée, certains détails d'architecture des tabernacles ou niches permettent de la dater de 1510 à 1540.

« Voici comment l'église de Béhuard devint propriétaire de cette chape précieuse. En 1793, de somptueux vêtements sacerdotaux, provenant des diverses églises de la ville, étaient amoncelés sur la place du Ralliement et condamnés à être brûlés prochainement. Le maire de Béhuard, passant par là, aperçut la chape et s'en empara pour la donner à son église. En 1850, elle fut restaurée avec soin et succès par des dames du Mans. »

Quelle que soit la valeur de ces œuvres, c'est avant tout le portait de Louis XI que remarquent, à Béhuard, les touristes et les pèlerins ; c'est cette figure étrange, qui attire leurs regards et qui se fixera dans leur esprit.

Le portrait de Louis XI est suspendu, dans la chapelle latérale, au-dessus d'une inscription en lettres gothiques où sont relatées, par ordre de Charles VIII, « les bonnes affections et intencions du roy Louis, son père », envers Notre-Dame de Béhuard. Il est peint sur un panneau de bois, qui mesure 0 m. 310 de haut sur 0 m. 265 de large. Le roi est représenté en buste. Sa tête, de profil à droite, est coiffée d'un bonnet, tombant jusqu'à la nuque et recouvert d'un chapeau à visière. Autour du cou il porte le collier de l'ordre de Saint-Michel. Son costume se compose d'une robe jaune, à larges manches, et d'un pourpoint bleuâtre, dont la partie antérieure, légèrement échancrée, laisse paraître les plis de la chemise.

Ce portrait a été considéré comme une œuvre originale et, tout récemment encore, une inscription indiquait qu'il avait été donné à l'église de Béhuard par Charles VIII. Il faut renoncer à cette légende, qui n'a pas plus de soixante ans d'existence. Le tableau de Béhuard est une œuvre du seizième siècle et non du quinzième. C'est la reproduction d'un portrait de Louis XI, peint par Jean Fouquet, gravé par Morin, et que l'on retrouve en aquarelle dans le recueil de Gaignières, à la Bibliothèque nationale.

Béhuard aurait mérité de retenir longtemps encore notre attention. Mais l'heure s'avance. Nous passons la Loire en bateau, au moment où le soleil, qui n'avait pas encore paru de la journée, enveloppe d'une lumineuse et chaude caresse le vieux sanctuaire, dont la fine silhouette se dessine, par-delà le fleuve, sur la verdure des peupliers et des saules.

Notre dernière visite avait été réservée pour l'église de Savennières.

L'église de Savennières se compose d'une nef, dont le plan primitif formait un rectangle de 18 mètres de long sur 14 mètres de large, et d'un chœur avec abside circulaire. Le chœur a été construit au xıı^e siècle. Mais à quelle époque faut-il attribuer la nef? Doit-on considérer cette partie de l'édifice comme une œuvre de la période gallo-romaine, ou bien, avec Célestin Port, ne pas la faire remonter au-delà du xe siècle?

La nef de Savennières n'appartient ni à la période gallo-romaine, ni même à celle qui l'a suivie de près. Lorsqu'on observe les monuments d'origine gallo-romaine, lorsqu'on voit avec quel soin attentif les constructeurs de cette époque ont appareillé leurs matériaux, quelles qu'en fussent la nature et la dureté, on reconnaît que partout la régularité de l'appareil a été la règle constante et invariable. Or, que trouve-t-on à Savennières? Un petit appareil rudimentaire, formé de pierres du pays, quartz, schistes et grès, mal équarris ; puis, pour maintenir l'horizontalité des assises, des bandeaux de briques, composés de matériaux de déchet et de fragments de toute longueur, disposés en arête de poisson et répartis à des intervalles irréguliers, depuis la base jusqu'au faite des murs. Nulle part, à l'époque gallo-romaine, on ne trouvera un travail exécuté avec aussi peu de soin. Les arêtiers sont garnis de pierres, qui, souvent, dépassent en longueur et en épaisseur celles que l'on a employées dans les parements. Au lieu de se contrarier, d'après les règles admises par tous les constructeurs, les joints sont placés immédiatement les uns au-dessus des autres. Les fenêtres sont encadrées par des assises, composées alternativement d'une pierre d'appareil et de deux briques superposées; mais, par une bizarrerie qui n'a d'autre explication que la maladresse de l'ouvrier, l'archivolte des fenêtres de l'ouest est fermée par un closoir d'une seule brique, tandis que, dans les fenêtres du sud, le closoir est une pierre d'appareil, séparée par une brique des claveaux qui l'accompagnent à droite et à gauche.

Il faut avoir le courage de l'avouer, la nef de Savennières est une œuvre de la décadence et, tout au plus, de la décadence carolingienne. Personnellement, je ne crois même pas qu'on puisse la faire remonter aussi haut. Les petits cubes de pierre, taillés en pointe de diamant, qui ornent l'archivolte des fenêtres et le triangle de la façade, n'apparaissent guère qu'à la fin du xe siècle : c'est peut-être à cette date tout simplement qu'il faut attribuer la construction de l'édifice. La seule objection sérieuse qu'on puisse m'opposer, c'est le passage de la chronique de Nantes, où il est dit que Lambert, comte de Nantes et abbé de Saint-Aubin d'Angers, mort en 852, fut enterré à Savennières : *vitam finivit temporalem, sepultusque est apud Saponarias, Andegavensis territorii vicum.* La sépulture fut faite évidemment dans l'église. Mais s'agit-il de l'édifice actuel ou d'un édifice antérieur? Rien ne l'indique et la question ne sera élucidée qu'au jour où l'on aura pu fouiller le sol et étudier les substructions de ce curieux monument.

L'excursion est terminée. Nous nous rendons à La Possonnière, où doit avoir lieu le dîner en commun.

Au dessert, M. le sénateur Bodinier, président de la Société d'Agriculture, Sciences et Arts d'Angers, M. le baron de Wismes, président de la Société Archéologique de Nantes et de la Loire-Inférieure et M. Dortel, président de la Société Académique de Nantes, prennent successivement la parole et, sur leur proposition, il est décidé que nos Sociétés qui, pendant toute la journée ont si cordialement fraternisé, se réuniront désormais, de temps en temps, pour visiter ensemble les curiosités soit de l'Anjou, soit de la Bretagne.

On nous affirme que nos amis de Nantes veulent bien

garder un excellent souvenir de l'excursion du 13 mai 1907 et de leurs compagnons de route. Permettez-moi, Messieurs, de leur dire, au nom des Angevins qui ont fait, ce jour-là, leur connaissance, qu'ils nous ont charmés par leur distinction, leur bonne humeur et leur amabilité, et qu'ils nous ont grandement réjouis, en témoignant un intérêt si vif et si éclairé aux sites, aux monuments, aux richesses artistiques dont nous sommes le plus justement fiers.

Ch. URSEAU.